介護レベルのシニアでも
超楽しくできる

声出し！お祭り体操

斎藤道雄 著

黎明書房

はじめに

そっか。声を出せばいいんだっ！

「体操って，な〜んか，つまんないんだよなあ〜」

　ぼくは，シニアの体操（支援）をしていて，ずうーっと，ずうーっと，そう感じていました。
　そんなあるときに，この衝撃の言葉に出会いました。

「元気があるから声が出るのでなく，声を出すと元気になる」

その瞬間にピンときたんです。

「そっか。声を出せばいいんだっ！」 って。

　つまらない原因は，だ〜れも，な〜んにも言わないからだったんです。
　よく考えてみたら，元気いっぱいに体を動かしたいはずなのに，その場が「シーン」としてるなんて，おかしいんです。

**　やっぱり体操するなら，明るく活気のある雰囲気の中でやったほうがいい気分だし，気分がよければ，おのずと体を動かしたくなります。**

　そこで，試しに，**声を出してみたら，ビックリするくらい楽しい。**

　はじめは，「シニアが声を出す，なんて無理かも」と心配もありましたが，いざやってみると，声，めちゃくちゃ出るんです。
　というより，シニアだって，たまには思いっきり声を出したいんです。きっと。

しかも，声を出すと，気持ちもスッキリするし，一人ひとりの満足度が向上するのがはっきりとわかりました。

　それからは，**ぼくの体操（支援）は，「声を出すのを最も重視する」**ようになりました。

　それだけじゃありません。声を出すメリットは，まだまだほかにも，たくさんあるんです。（そのメリットは，またあとで）

　ぼくなら，あのお祭りのような，活き活きとした，活気のある，にぎやかな雰囲気の中で，楽しんで体操したいです。（絶対に！）

　そんな，ぼくの願いを込めて出来た本のタイトルがこれ。

　「介護レベルのシニアでも超楽しくできる　声出し！　お祭り体操」

　では，これから「介護レベルのシニアでも超楽しくできる　声出し！　お祭り体操」のスタートですっ！

この本は，こんなふうに活用して！

　この本は，集団運動のプロ・インストラクターが，現場で実践している「シニアが楽しくできる体操」を誰もがかんたんにできるように，具体的に，再現，構成しています。
　ぜひ，その「言い方」や「やり方」を参考にしてみてください。

① 　言い方のお手本として，**プロがする説明のしかた** を。集中力が低下しがちなシニアには，簡潔な言い方が大事です。

② 　その中でも，**特に大事な一言** に注目してください。理解力，集中力が格段に変わります。

③ 　集団での体操は，ただ体を動かしても，おもしろくありません。楽しんでするには，ぜひ，**お祭り気分になる！**，**にぎやかになる秘訣** をヒントにしてください。

④ 　「ちょっとあきてきたかなあ〜」そう思ったら，**こんな楽しみ方も** を実践してみてください。

⑤ 　楽しいと感じるのは，それ以前に，すでにリラックスしているときです。**雰囲気が和みます** は，そんな雰囲気に持っていけるようなぼく流のテクニックです。

⑥ 　どんな言い方がよくて，いけないのか？ **よくない言葉がけ＆よい言葉がけ** で，ご自分の言い方をチェックしてみてください。

この本の特徴

● この本は，介護現場のスタッフのみなさまが，シニアの体操をじょうずに支援するための本です。

● 特に，シニアの集団運動をするときに，「明るく，元気な雰囲気づくり」に，大いに役立ちます。

● もちろん，おひとりや，少人数の体操にもおススメです。

● この本で**最も重視するのは，「声を出して，体を動かす」**ことです。

● なので，年齢や体力レベルに著しい差があっても，誰にでもかんたんにできます。

● 道具は一切不要です。

● なので，朝の体操や，食事の前後，**ちょっとした空き時間に，おススメ。**

● 身体レベルが低下している場合には，**声を出すだけでもオッケーです。**（ストレスの発散，心身機能の維持・向上）

もくじ

はじめに　−そっか。声を出せばいいんだっ！−　2
この本は，こんなふうに活用して！　4
この本の特徴　5

Ⅰ　声を出して「リラックス」

① あ〜〜〜（胸）　8
② ありがとう（脚）　10
③ だら〜ん（肩）　12
④ ぶらぶら〜（手，手首）　14
⑤ ふわあ〜〜〜（顔，口）　16
⑥ ニッコリ！（顔，口）　18

コラム　こんなにスゴいっ！声を出すメリット　20

Ⅱ　声を出して「気分スッキリ！」

⑦ エイエイオー！（肩，腕）　22
⑧ セーフ！（手，腕）　24
⑨ はいっ（手，指）　26
⑩ よっしゃあー（足，腰）　28
⑪ み〜ぎ ひだ〜り（頭，首）　30
⑫ ひ〜らいてパン（手，腕）　32

コラム　「させる」のでなく「楽しむ」　34
コラム　元気が出る魔法の言葉「声強めに」　35

Ⅲ　声を出して「しなやかボディー」

⑬　ピーン！（背，胸）　36
⑭　ぐるぐる〜（肩，腕）　38
⑮　さっさ〜（手，腕）　40
⑯　すい〜すい〜（手，腕）　42
⑰　ゆらゆら〜（肩，背中）　44

コラム　ぼくのおススメ！　「近い近い作戦」　46
コラム　声を出さない人がいてもいい　47

Ⅳ　声を出して「筋力アップ」

⑱　キック！（脚）　48
⑲　ぐうっ，ぱぁー（手，指）　50
⑳　ジャブジャブ（手，腕）　52
㉑　ぴょんぴょん（脚）　54
㉒　め〜んっ！（肩，腕）　56
㉓　ソーラン（背中，腕）　58
㉔　ワッショイ！（足，腰）　60

おわりに　－「笑う」「いい気分」「感謝」「体を動かす」－　62

＊　（　）内は主に使う部位を示しています。

Ⅰ　声を出して「リラックス」　　　　　　　　　主に使う部位　　胸

❶ あ〜〜〜

うがいするような感じで，やってください

うれしい効果

☆　姿勢を保持します。
☆　リラックスします。

プロがする説明のしかた

① 立っても，座ってもオッケーです。
② 背筋をピンと伸ばします。
③ 両手を腰に置きます。
④ **「あ〜〜〜」** と，できるだけ**なが〜く声を出します。**
⑤ **うがいをするイメージで。**
⑥ 口をあけて声が出たら，最高です！
⑦ 全部で4回。はいっ**「あ〜〜〜」**。

特に大事な一言

⑤では，**「うがいをするイメージで」**と言いますと，想像力が働きます。

こんな楽しみ方も

誰が一番長くできるか，競争してみても楽しいです。

よくない言葉かけ＆よい言葉かけ

④では，×「長く声を出す」
　　　○「なが～く声を出す」

Ⅰ　声を出して「リラックス」

Ⅰ 声を出して「リラックス」　　主に使う部位　脚

❷ ありがとう

> やっぱり健康の秘訣は、「感謝」なんです

うれしい効果

☆　リラックスします。
☆　手の器用さを維持します。

プロがする説明のしかた

① 立っても、座ってもオッケーです。
② 両足を閉じます。
③ 両手をひざの上に置きます。
④ **「ありがとう」** と声に出して言いながら、両手でひざを**やさ～しくさすります。**
⑤ 自分の体に感謝の気持ちを込めて。
⑥ 声に出さずに、**そう思うだけでも、じゅうぶんです。**
⑦ 全部で4回。はいっ**「ありがとう」**。

特に大事な一言

④では，**「やさ～しくさすります」**と言いますと，力加減を調整するようになります。

雰囲気が和みます

ただ，「ありがとう」って口に出して言うだけでも，和やかな雰囲気になって，気分がとっても癒されます。すごい言葉です。

よくない言葉がけ＆よい言葉がけ

⑥では，×「声出して」「言わなきゃダメ」
　　　　○「そう思うだけでも，じゅうぶん」

Ⅰ 声を出して「リラックス」　　　主に使う部位　肩

❸ だら〜ん

「力抜いて」よりも，なぜか力が抜けちゃう

うれしい効果

☆ リラックスします。
☆ よい気分になります。

プロがする説明のしかた

① 立っても，座ってもオッケーです。
② 両足を肩幅にひらきます。
③ 両腕を体の横にします。
④ 肩を上に持ち上げます。
⑤ そこから**「だら〜ん」**と声に出して言いながら，**腕と肩をだら〜んとします。**
⑥ それっぽく（力を抜く感じで）言えたら，最高です！
⑦ 全部で４回。せ〜のっ**「だら〜ん」**。

特に大事な一言

⑤では、**「腕と肩をだら〜んとします」**と言いますと、体の力が抜けるようになります。

こんな楽しみ方も

誰が一番長くできるか、競争してみても楽しいです。

よくない言葉がけ＆よい言葉がけ

⑤では、×「力を抜く」
　　　　○「だら〜んとする」

Ⅰ　声を出して「リラックス」

Ⅰ　声を出して「リラックス」　　　主に使う部位　手，手首

❹ ぶらぶら〜

一発で手首がやわらか〜くなっちゃいます

うれしい効果

☆　気分がリラックスします。
☆　手首をやわらか〜くします。

プロがする説明のしかた

① 立っても，座ってもオッケーです。
② 両足を肩幅にひらきます。
③ 両手を前に伸ばして，手のひらを下にします。
④ 手首をダラ〜っとします。
⑤ **「ぶらぶら〜」** と声に出して言いながら，**手首をぶらぶらします。**
⑥ **手首をやわらか〜くするイメージで。**
⑦ 言いながら出来たら，最高です！
⑧ 全部で4回。はいっ**「ぶらぶら〜」**。

特に大事な一言

⑥では，**「手首をやわらか〜くするイメージで」**と言いますと，手首の力が抜けるようになります。

にぎやかになる秘訣

全員でいっしょに，それらしく言うと，超楽しい気分です。思わず笑っちゃいます。

よくない言葉がけ＆よい言葉がけ

⑤では，×「手をぶらぶらして」
　　　　○「手首をぶらぶらして」

ぶらぶら〜

Ⅰ　声を出して「リラックス」　　　　　　　　　主に使う部位　顔，口

❺ ふわあ～～～

> リラックスには，あくびするのが一番です

うれしい効果

☆　気分がリラックスします。

プロがする説明のしかた

① 立っても，座ってもオッケーです。
② 両足を肩幅にひらきます。
③ 「ふわあ～～～」と声に出して言いながら，思いーっきり，あくびのマネをします。
④ **おっきな口が空いたら，超最高です！**
⑤ 全部で4回。せ～のっ**「ふわあ～～～」**。

雰囲気が和みます

まわりのことは一切気にせず,全力であくびしちゃいましょう! ねっ,たまには,いいでしょ?

こんな楽しみ方も

誰が一番それっぽいか「あくび競争」しても楽しいです。

よくない言葉がけ&よい言葉がけ

④では,×「もっと口をあけて」
　　　　○「おっきな口が空いたら,超最高」

Ⅰ 声を出して「リラックス」

ふわぁ〜

Ⅰ　声を出して「リラックス」　　　　　　　主に使う部位　顔，口

❻ ニッコリ！

やっぱり笑顔は，健康の特効薬なんです

うれしい効果

☆　リラックスします。
☆　口まわりの筋肉をほぐします。

プロがする説明のしかた

① 　立っても，座ってもオッケーです。
② 　両足を肩幅にひらきます。
③ 　**「ニッコリ」**と声に出して言いながら満面の笑顔をします。
④ 　**口を真横にひらく**感じで。
⑤ 　**ニッコリ出来たら，最高に幸せな**気分です！
⑥ 　全部で4回。はいっ**「ニッコリ」**。

特に大事な一言

④では、**「口を真横にひらく」**と言いますと、動きのイメージが明確になります。

雰囲気が和みます

とりあえず、言葉だけでも、**「ニッコリ」**と言ってみてください。笑顔はあとからついてきます。

よくない言葉がけ＆よい言葉がけ

⑤では、×「笑って」「ニッコリして」
　　　○「ニッコリ出来たら、最高に幸せ」

こんなにスゴいっ！声を出すメリット

声を出すメリット。「元気が出る」それだけじゃありません。
まだ！まだ！あります。
実際の現場でやっていると，その抜群の威力に驚きます。
声を出すのって，ホントにスゴいんです。

・**誰にでも，かんたん。**
声を出すだけなら，誰にでもかんたんに出来る。

・**目や耳の不自由なシニアにも，とってもやさしい。**

・**体力やレベルに差があっても，オッケー。**
年齢や体力に著しい差があっても，かんたんに出来る。

・**盛り上がる！**
声を出すと，全体の雰囲気がぐんと盛り上がる。
最高によい雰囲気づくりが出来る。

・**やる気がアップ！**
声を出すと，気力，集中力がアップ。

・**気持ちがスッキリする。**
思いっきり声を出せば，ストレスの発散になる。

・**呼吸器官の維持，向上。**

・**あきずにできる。**
集中力が長続きするようになる。

・**居眠りしなくなる。**
声を出し続けるので，眠くならない。（居眠り出来ない？）

- **動きのテンポがよくなる。**
 「グーパー」と言いながら手を動かすと、動きのリズムがよくなります。

- **運動効果アップ！**
 元気が出て、意欲、集中力がアップして、それが長続きしたら、運動効果アップ。

 ねっ。やっぱりスゴいでしょ。

Ⅱ 声を出して「気分スッキリ！」

主に使う部位　肩，腕

❼ エイエイオー！

声を出して拳をつきあげるだけで元気になる

うれしい効果

☆　一発で元気が出ます。
☆　ストレスを発散します。

プロがする説明のしかた

① 立っても，座ってもオッケーです。
② 足を肩幅にひらきます。
③ 胸をはります。
④ **「エイエイオー！」** と声に出して言いながら，拳を上につきあげます。
⑤ コツは，**声を強めにすること。**
⑥ **元気な声が出たら，気分スッキリです！**
⑦ 全部で4回。せ〜のっ**「エイエイオー！」**。

特に大事な一言

⑤では，**「声を強めに」**と言いますと，大きな声が出るようになります。

お祭り気分になる！

全員でいっしょに，わざと大げさにアクションすると，全体の雰囲気が最高に盛り上がります。

よくない言葉がけ＆よい言葉がけ

⑥では，×「もっと声出して」
　　　　○「元気な声が出たら，気分スッキリ」

Ⅱ 声を出して「気分スッキリ！」

Ⅱ 声を出して「気分スッキリ！」　　主に使う部位　手，腕

❽ セーフ！

> 言うだけで，手が自然に動いちゃいます

うれしい効果

☆　リラックスします。
☆　口まわりの筋肉をほぐします。

プロがする説明のしかた

① 立っても，座ってもオッケーです。
② 両足を肩幅にひらきます。
③ 両手を胸の前でクロスします。
④ **「セーフ！」** と声に出して言いながら，両手を横にひろげます。
⑤ **元気な声で出来たら，最高です！**
⑥ 全部で4回。せ〜のっ **「セーフ！」**。

お祭り気分になる！

全員でいっしょに，「セーフ！」に気持ちを込めてすると，最高にいい気分です。

こんな楽しみ方も

誰が一番うまくできるか，「セーフ競争」しても楽しいです。

よくない言葉かけ＆よい言葉かけ

⑤では，× 「元気出して」
　　　　○ 「元気な声で出来たら，最高です！」

Ⅱ　声を出して「気分スッキリ！」

Ⅱ 声を出して「気分スッキリ！」　　主に使う部位　手，指

❾ はいっ

ていねいに気持ちを込めてトスしてください

うれしい効果

☆　手の巧緻性を維持，向上します。
☆　いい気分になります。

プロがする説明のしかた

① 立っても，座ってもオッケーです。
② 両足を肩幅にひらきます。
③ 胸の前で，両手をパーにします。
④ 「はいっ！」と声に出して言いながら，**両手でやさしくトスする**まねをします。
⑤ 元気に言えたら，超最高です！
⑥ 全部で4回。せ～のっ**「はいっ！」**。

特に大事な一言

④では，**「両手でやさしくトスする」**と言いますと，手先の力加減を調整するようになります。

お祭り気分になる！

「それ！」とか，**「トス！」**とか，言い方を変えてみても，盛り上がって楽しいです。

よくない言葉かけ＆よい言葉かけ

④では，× 「トスする」
　　　　○ 「両手でやさしくトスする」

Ⅱ　声を出して「気分スッキリ！」

Ⅱ 声を出して「気分スッキリ！」

主に使う部位 足，腰

❿ よっしゃあー

ガッツポーズって，なぜか超気持ちいいんです

うれしい効果

☆ 握力がアップします。
☆ 気分がスッキリします。

プロがする説明のしかた

① 立っても，座ってもオッケーです。
② 両足を肩幅にひらきます。
③ 足のウラを床につけて，しっかりとふんばります。
④ 「よっしゃあー」と声に出して言いながら，ガッツポーズします。
⑤ 両手でも，片手でもオッケーです。
⑥ **元気な声が出たら，気分最高**です。
⑦ 全部で4回。せ〜のっ **「よっしゃあー」**。

お祭り気分になる！

こまかいことは言いません。思い切ってすれば，テンションマックス！　その場ですぐ元気です。

こんな楽しみ方も

声はなしで，ガッツポーズだけで，いかにもそれっぽくしてみてください。きっと役者になれます。

よくない言葉がけ＆よい言葉がけ

⑥では，×「もっと声を出して」
○「元気な声が出たら，気分最高」

Ⅱ　声を出して「気分スッキリ！」

Ⅱ 声を出して「気分スッキリ！」

| 主に使う部位 | 頭, 首 |

⑪ み〜ぎ ひだ〜り

言ってするから超わかりやすい，首の体操です

うれしい効果

☆ 肩こりを予防します。
☆ リラックスします。

プロがする説明のしかた

① 立っても，座ってもオッケーです。
② 背筋をピンと伸ばします。
③ 「み〜ぎ」と声に出して言いながら，**頭を真横にたおします。**
④ 元に戻します。
⑤ 次に，**「ひだ〜り」**と言いながら，**頭を真横にたおします。**
⑥ 言いながら出来たら，もう最高です！
⑦ 全部で4回。はいっ**「み〜ぎ」「ひだ〜り」**。

特に大事な一言

③と⑤では、**「頭を真横にたおします」**と言いますと、正しい動作をイメージ出来ます。

さらにレベルアップ！

「ま〜え」「うし〜ろ」と言いながら、頭を前後にたおしても出来ます。

Ⅱ 声を出して「気分スッキリ！」

よくない言葉がけ＆よい言葉がけ

③と⑤では、× 「頭を横にたおして」
　　　　　○ 「頭を真横にたおして」

Ⅱ 声を出して「気分スッキリ！」　　　主に使う部位　手，腕

⑫ ひ〜らいてパン

お祭り気分でおもいきり楽しんでしてください

うれしい効果

☆　手先の器用さを維持します。
☆　いい気分になります。

プロがする説明のしかた

① 立っても，座ってもオッケーです。
② 両足を肩幅にひらきます。
③ **「ひ〜らいて」** と言いながら，両手を横にひらきます。
④ **「パン！」** と言いながら，1回手をたたきます。
⑤ 盆踊りをする感じで，楽しんで。
⑥ **言いながら出来たら，いい気分**です。
　全部で4回。はいっ**「ひ〜らいて」「パン！」**。

こんな楽しみ方も

ほかにも、「ヨ～～、パン」（一本締め）と、全員で声を出しても、楽しいです。

お祭り気分になる！

全員で、いっしょに、声を出してやってみてください。いっしょに盆踊りをする一体感が気持ちいいです。

よくない言葉がけ＆よい言葉がけ

⑥では、×「声を出して」
　　　○「言いながら出来たら、いい気分」

Ⅱ　声を出して「気分スッキリ！」

「させる」のでなく「楽しむ」

　たま〜に，体操をしようとしないシニアに，無理矢理にさせようとしている人（現場のスタッフの方）がいます。

　きっと，ご本人のためを思ってやってらっしゃるんだと思います。

　でも，これ，逆効果なんです。

　ぼくの経験でいうと，**（相手に）体操をさせようとするより，（自分が）楽しんでしまった方が，結果として，いい**んです。

　なぜなら，**その人から「楽しいオーラ」が出る**からです。

　「楽しいオーラ」は，「よーし！がんばっちゃおっかなー」って，意欲を引き出します。つまり，

　　（自分が）楽しむ ⇒ オーラ発信 ⇒ （相手が）やる気になる

　だから，現場のスタッフの方にも，楽しんでほしいんです。
　というか，**出してほしいんです。「楽しいオーラ」**を。

　よく，「自分がこんなに楽しんじゃってすみません」という，現場のスタッフの方がいます。

　いえいえ。それで，いいんです。
　ぼくにとっては，**それが，「最高の支援のしかた」**なんです。

元気が出る魔法の言葉「声強めに」

「今日は，いつもより声が出てないな。元気がないな」

そう感じることがあります。
そんなときには，ぼくは，こう言います。
「ちょっと声を強めにしましょう」

たとえば，「グー」「パー」の声が小さかったら，
「ちょっと声強めです」
「グうっ！」「パあー！」

って，感じです。

さらに，ちょっとでも元気が出てきたら，
「うおー！（驚）」とか言います。

ここで気をつけたいのは，
「もっと元気を出して」と言わないこと。
「元気がない」って言ってるようなものですから。

「声強め」は，元気が出る魔法の言葉です。

Ⅲ 声を出して「しなやかボディー」　　　主に使う部位　背, 胸

⓭ ピーン！

背筋が伸びている人は確実に若く見えます

うれしい効果

☆　よい姿勢を保持します。

プロがする説明のしかた

① 立っても，座ってもオッケーです。
② 両足を肩幅にひらきます。
③ 両腕を体の横にします。
④ 「ピーン！」と声に出して言いながら，**背筋をピンと伸ばし**ます。
⑤ 伸びる感じで「ピーン！」と言えたら，超最高です！
⑥ 全部で4回。せ〜のっ「ピーン！」。

お祭り気分になる！

全員でいっしょに，わざとおおげさにしてやってみてください。なんだか，笑っちゃいます。

こんな楽しみ方も

誰が一番上手に言えるか，「ピーン！の言い方競争」をしても楽しいです。

よくない言葉がけ，よい言葉がけ

④では，× 「背筋を伸ばして」
　　　　○ 「背筋をピンと伸ばして」

Ⅲ　声を出して「しなやかボディー」

Ⅲ 声を出して「しなやかボディー」

主に使う部位　肩, 腕

14 ぐるぐる〜

言うだけで肩がよくまわる魔法の呪文

うれしい効果

☆　肩の柔軟性を維持, 向上します。

プロがする説明のしかた

① 立っても, 座ってもオッケーです。
② 背筋をピーン！　と伸ばします。
③ 両手をかる〜くにぎります。
④ **「ぐるぐる〜」** と声に出して言いながら, 肩をまわします。
⑤ 前から後ろに。
⑥ **肩といっしょに, ひじをまわす**ようにします。
⑦ **「ぐるぐる〜」** と言いながら出来たら, 最高です！
⑧ 全部で4回。
　はいっ **「ぐるぐるぐるぐる」**。
⑨ おっと, 後ろから前も, 忘れずに。

特に大事な一言

⑥では，**「肩といっしょに，ひじをまわす」**と言いますと，肩がよく動くようになります。

お祭り気分になる！

いかにも，それらしい～言い方をするだけでも，楽しい雰囲気になります。

よくない言葉がけ＆よい言葉がけ

⑥では，× 「肩をまわして」
　　　　○ 「肩といっしょに，ひじをまわして」

Ⅲ　声を出して「しなやかボディー」　　　主に使う部位　手，腕

⑮ さっさ〜

ガラス拭きって，実は体に超イイんです

うれしい効果

☆　手の器用さを維持します。
☆　肩の柔軟性を維持します。

プロがする説明のしかた

①　立っても，座ってもオッケーです。
②　両足を肩幅にひらきます。
③　背筋をピンと伸ばします。
④　片手を上に持ち上げます。
⑤　**「さっさ〜」** と声に出して言いながら，**ガラス拭きのマネ**をします。
⑥　ピカピカにするイメージで出来たら，最高です！
⑦　おっと，反対の手も忘れずに。
⑧　全部で4回。はいっ**「さっさ〜」**。

にぎやかになる秘訣

ガラス拭きのものマネ名人を，探し出して，もっと楽しんじゃいましょう。

さらにレベルアップ！

全部の指をいっぱいにひらいてすると，さらに運動効果がアップします。

よくない言葉がけ＆よい言葉がけ

⑤では，×「手を左右に動かして」
　　　　　○「ガラス拭きのマネをして」

Ⅲ　声を出して「しなやかボディー」

Ⅲ　声を出して「しなやかボディー」　　主に使う部位　手，腕

⑯ すい〜すい〜

気持ちよ〜く泳いでる気分で，すいすいすい〜

うれしい効果

☆　肩と背中の柔軟性を維持します。
☆　イメージする力が働きます。

プロがする説明のしかた

① 立っても，座ってもオッケーです。
② 両足を肩幅にひらきます。
③ 背筋をピンと伸ばします。
④ **「すい〜すい〜」** と声に出して言いながら，平泳ぎのマネをします。
⑤ （泳ぐのって）超気持ちイー。そんなイメージで。
⑥ **言いながら出来たら，最高です！**
⑦ 全部で4回。はいっ**「すい〜すい〜すい〜すい〜」**。

お祭り気分になる！

誰が一番気持ちよさそうに出来るか，「超気持ちイー競争」をしても，楽しんで出来ます。

もっとレベルアップ！

ほかにも，クロール，背泳ぎなどにして，泳いでみても楽しいです。さらに，運動効果もアップ！

クロール

背泳ぎ

よくない言葉がけ＆よい言葉がけ

⑥では，×「もっと声を出して」
　　　　○「言いながら出来たら，最高」

Ⅲ　声を出して「しなやかボディー」

Ⅲ 声を出して「しなやかボディー」　　主に使う部位　肩，背中

⓱ ゆらゆら〜

体の力が抜けて，超気持ちいい〜です

うれしい効果

☆　リラックスします。
☆　バランス感覚を養います。

プロがする説明のしかた

① 　立っても，座ってもオッケーです。
② 　両足を肩幅にひらきます。
③ 　背筋をピンと伸ばします。
④ 　両手を体の横にして，**腕をダランとします。**
⑤ 　**「ゆらゆら〜」** と声に出して言いながら，重心をすこし片足に移してみます。
⑥ 　左右交互に移し変えてみましょう。
⑦ 　うまくバランスがとれたら，最高です。
⑧ 　全部で4回。はいっ **「ゆらゆら〜」**。

特に大事な一言

④では、**「腕をダランとします」**と言いますと、肩と腕の力が抜けるようになります。

雰囲気が和みます

全員でいっしょに、「ゆらゆら〜」気分になりきってください。リラックスした雰囲気が心地よいです。

よくない言葉がけ＆よい言葉がけ

④では、×「力を抜いて」
　　　　○「ダランとして」

Ⅲ　声を出して「しなやかボディー」

ぼくのおススメ！「近い近い作戦」

　「体操するのに，どうしたらお年寄りに楽しんでもらえますか？」と，質問されます。
　そんな人に，とっておきのおススメがあります。

　それは，「近い近い作戦」です。

　よく顔を近づけすぎると，「近い近い」なんて言ったりしますよね。その「近い近い」です。で，やり方は，

① まず，体操している人のすぐそばまで近寄る。
② そして，ジーっとその人の目を見つめる。

　すると，どうなるか？

　ほとんどの人は，「ぷっー」っと，思わず吹き出します。
　なんと驚いたことに，いつも表情を変えない人が，この「近い近い作戦」で，吹き出すことが何度もありました。

　ただし，ひとつ注意があります。
　「近い近い作戦」。にらんじゃダメです。
　「私はあなたに関心があるんですよ」
　って感じで，**やさしく見つめてみてください。**

声を出さない人がいてもいい

　声を出して体操をするときに，なかには，声を出さない人がいます。
　ぼくの現場では，全員が全員，同じように大きな声を出すなんてことは，まずありません。

　でも，声を出さない人がいてもいいんです。
　（ココ，とっても大事なところです）

　その場にいるだけで，もう十分なんです。

　なぜなら，ほかのみなさんの声で，**その場の雰囲気が，明るく元気に満ち溢れている**からです。
　それは，あの森林浴と同じ効果があると思っています。
　明るさと元気で満ち溢れた森林浴です。
　（心と体に効き目あり）

　だから，声を出さない人がいてもいいんです。

　その人だってもう十分に森林浴，してるんですから。

Ⅳ 声を出して「筋力アップ」

主に使う部位　脚

❶⓼ キック！

サッカーボールをゴールめがけて「キック！」

うれしい効果

☆　足腰を強化します。

プロがする説明のしかた

① イスに座ってします。
② 脚を腰幅ぐらいにします。
③ 両手でイスを押さえます。
　（転倒予防になります）
④ 「**キック！**」と声に出して言いながら，片足を前に蹴りだします。
⑤ **サッカーボールを，遠くに蹴るようなイメージで。**
⑥ **元気な声が出たら，もう最高です！**
⑦ 全部で４回。それっ「**キック！　キック！　キック！　キック！**」。

> **特に大事な一言**

⑤では，**「サッカーボールを，遠くに蹴るようなイメージで」**と言いますと，イメージする力が働きます。

> **お祭り気分になる！**

「エイっ！」とか，**「それっ！」**とか，**「よいしょっ！」**など，言い方を変えても楽しくできます。

> **よくない言葉がけ＆よい言葉がけ**

⑥では，×「元気出して」
　　　　○「元気な声が出たら，もう最高」

Ⅳ　声を出して「筋力アップ」

Ⅳ　声を出して「筋力アップ」　　　　主に使う部位　手，指

⓳ ぐうっ，ぱぁー

驚くほどかんたんなのに，効き目抜群！

うれしい効果

☆　手先の器用さを維持します。
☆　握力をアップします。

プロがする説明のしかた

① 立っても，座ってもオッケーです。
② 両足を肩幅にひらきます。
③ 両手を前に出します。
④ **「ぐうっ」**と言いながら，両手を強くにぎります。
⑤ **「ぱぁー」**と言いながら，両手をひらきます。
⑥ 全部のゆびをいっぱいにひらく感じで。
⑦ **強く言えば言うほど，手先がパワーアップ**します。
⑧ 全部で4回。
　　それっ**「ぐうっ」「ぱぁー」**。

特に大事な一言

⑦では，**「強く言えば言うほど」** と言いますと，自然に大きな声が出ます。

お祭り気分になる！

全員でいっしょに，おおげさにすると，雰囲気が最高に盛り上がって，楽しいです。あと，笑顔も忘れずに。

よくない言葉がけ＆よい言葉がけ

⑦では，×「大きな声を出して」
　　　○「強く言えば言うほど，手先がパワーアップ」

Ⅳ　声を出して「筋力アップ」

51

Ⅳ 声を出して「筋力アップ」

主に使う部位　手，腕

❷⓪ ジャブジャブ

気分だけは世界チャンピオンのつもりで

うれしい効果

☆　握力がアップします。
☆　反応速度が速くなります。

プロがする説明のしかた

① 立っても，座ってもオッケーです。
② 両足を肩幅にひらきます。
③ 両手を軽く握ります。
④ 「ジャブジャブ」と声に出して言いながら，右，左とパンチを繰り出します。
⑤ **元気な声が出たら，気分は世界チャンピオン**です！
⑥ 全部で4回。せ〜のっ「**ジャブジャブ**」。

特に大事な一言

⑤では、**「元気な声が出たら、気分は世界チャンピオン」**と言いますと、やる気、急上昇です。

にぎやかになる秘訣

ちょっとだけ我を忘れて、本物になりきってやってください。最高にいい気分です。

よくない言葉かけ＆よい言葉かけ

⑤では、×「もっと声を出して」
　　　　○「元気な声が出たら、気分は世界チャンピオン」

Ⅳ　声を出して「筋力アップ」

Ⅳ 声を出して「筋力アップ」　　主に使う部位　脚

㉑ ぴょんぴょん

> コトバを言うだけで，もうなわとびの達人です

うれしい効果

☆　足腰を強化します。
☆　イメージする力が働きます。

プロがする説明のしかた

① イスに座ってします。
② 両足を閉じます。
③ **「ぴょんぴょん」と声に出して言いながら，なわとびを跳ぶマネをします。**
④ 子どものころにかえったように。
⑤ 言いながら出来たら，最高です！
⑥ 全部で４回。はいっ**「ぴょんぴょん」**。

特に大事な一言

③では,「なわとびを跳ぶマネをします」と言いますと,理解力が高まります。

こんな楽しみ方も

うしろとび,駆け足とび,けんけんとび,あやとび,などなど,跳びかたを変えてみても楽しいです。

けんけんとび

あやとび

よくない言葉がけ&よい言葉がけ

③では,× 「跳んで」「ジャンプして」
　　　 ○「なわとびを跳ぶマネ」

Ⅳ 声を出して「筋力アップ」

主に使う部位 肩，腕

㉒ め〜んっ！

> そうです。あなたは，剣道の達人なんです

うれしい効果

☆ 肩，腕の力を維持します。
☆ イメージする力が働きます。

プロがする説明のしかた

① 立っても，座ってもオッケーです。
② 片足を一歩前に出します。
③ 「め〜んっ！」と声に出して言いながら，真上から面を打つマネをします。
④ 腕を前に伸ばして打つ。そんなイメージで。
⑤ **元気な声が出たら，一本勝ち**です。
⑥ 全部で4回。せ〜のっ**「め〜んっ！」**。

お祭り気分になる

思い切って，全員でいっしょに声を出してみてください。気持ちがスッキリして，最高にいい気分です。

こんな楽しみ方も

「どおー」「こてっ」などと言いながら，打ち方を変えてしても楽しいです。

よくない言葉がけ＆よい言葉がけ

⑤では，× 「もっと声を出して」
　　　　○ 「元気な声が出たら，一本勝ち」

Ⅳ 声を出して「筋力アップ」

| 主に使う部位 | 背中，腕 |

㉓ ソーラン

地引網。力一杯引っ張っちゃってください

うれしい効果

☆ 足腰を鍛えます。
☆ 握力を維持・向上します。

プロがする説明のしかた

① イスに座ってします。
② どちらかの足を一歩前に出します。
③ しっかりと足のウラを床につけてふんばります。
④ 「ソーラン」と声に出して言いながら，**地引網を引っ張るマネをします。**
⑤ 遠くから近くに**ぐいっと引き寄せる感じで。**
⑥ 元気な声が出たら，も～大漁です！
⑦ 全部で４回。せ～のっ「**ソーラン**」。

特に大事な一言

④では、**「地引網を引っ張るマネをします」**と言いますと、イメージする力が働きます。

お祭り気分になる！

大漁をイメージして、全員で、いっしょに声を出してみてください。一体感のある雰囲気が超楽しいです。

よくない言葉がけ＆よい言葉がけ

⑤では、×「引き寄せて」
　　　　○「ぐいっと引き寄せて」

Ⅳ 声を出して「筋力アップ」

主に使う部位 足，腰

❷❹ ワッショイ！

声だけでも，じゅうぶんにお祭り気分です

うれしい効果

☆ 足腰を強化します。

プロがする説明のしかた

① 立っても，座ってもオッケーです。
② 足を肩幅より，ひろくします。
③ 足のうらを床につけて，両足で，しっかりとふんばるようにします。
④ 「ワッショイ！」と元気に声を出して，みこしをかつぐマネをします。
⑤ 肩に本物のみこしを担いでいるイメージで。
⑥ **元気な声が出たら，気分最高**です！
⑦ 全部で4回。そ～れ，**「ワッショイ！」**。

どっしり

わっしょい

お祭り気分になる！

全員で，いっしょに，思い切って声を出すようにすると，全体の雰囲気が大盛り上がりで楽しいです。

こんな楽しみ方も

全員で，どれだけ元気な声が出るか，「声だけワッショイ」をしても，気持ちいいです。

よくない言葉がけ＆よい言葉がけ

⑥では，× 「元気出して」
　　　　○ 「元気な声が出たら，気分最高」

Ⅳ　声を出して「筋力アップ」

おわりに

「笑う」「いい気分」「感謝」「体を動かす」

これ，なんだかわかりますか？

実はこれ，全部，うつ病の治療法なんです。
うつ病って，薬以外でも，自分でできることってたくさんあるんですね。

じゃあ，実際にこれをするとどうなるか？　と言うと，
アドレナリンじゃないんですけど，体内で体にいい物質をつくり出すことができるんです。
その効果，なんと，あのモルヒネの約7倍だとか。
それが，体内で分泌できちゃうんです。（めっちゃ安上り！）

でも，これ。ぼくは，**「うつ病だけでなく，あらゆる病に絶大な効果がある」**と確信しています。
つまり，です。

やっぱり，楽しいのが健康に一番なんです。

これまで，ぼくが，ずっとやってきたこと。
やっぱり，正しかったー！（喜）

「健康に大事なの，なんだか知ってます？」

よく現場で，シニアのみなさんにこんな質問をします。

「健康に大事なの。笑顔ですよ。え・が・お」
「笑うのが体に一番いいんですよ」
「笑うのはタダですからね〜」

ぼくが，そう話すと，シニアのみなさんは，声を出して笑います。
でも，ぼくは本気（マジ）で言っています。

　最後の最後に，もうひとつだけ，言わせてください。

　「健康のために，頑張って，体を動かす」なんていうのは，ぼくは，イヤです。
　そうじゃなくって，
　心の底から，楽しんで体を動かしたい！
　だ・か・ら，こそ，健康になる。

　楽しんで体を動かすための体操。
　それこそが，「声出し！　お祭り体操」です。

　その「声出し！　お祭り体操」で，みなさんにも楽しんでいただけたら，最高にうれしく思います。

　　　平成29年3月15日
　　　　　　　　　　　　　　　　　　　　　ムーヴメントクリエイター　斎藤道雄

著者紹介

●斎藤道雄

体操講師，ムーヴメントクリエイター。
クオリティ・オブ・ライフ・ラボラトリー主宰。
自立から要介護シニアまでを対象とした体操支援のプロ・インストラクター。
体力，気力が低下しがちな要介護シニアにこそ，集団運動のプロ・インストラクターが必要と考え，運動の専門家を，数多くの施設へ派遣。
「お年寄りのふだん見られない笑顔が見られて感動した」など，シニアご本人だけでなく，現場スタッフからも高い評価を得る。

［お請けしている仕事］
○ 体操教師派遣（介護施設，幼稚園ほか）　　○ 講演
○ 研修会　　　　　　　　　　　　　　　　○ 人材育成
○ 執筆

［体操支援・おもな依頼先］
○ 養護老人ホーム長安寮
○ 有料老人ホーム敬老園（八千代台，東船橋，浜野）
○ 淑徳共生苑（特別養護老人ホーム，デイサービス）ほか

［講演・人材育成・おもな依頼先］
○ 世田谷区社会福祉事業団
○ セントケア・ホールディングス（株）
○ （株）オンアンドオン（リハビリ・デイたんぽぽ）ほか

［おもな著書］
○ 『車椅子の人も片麻痺の人もいっしょにできる新しいレクリエーション』
○ 『椅子に腰掛けたままでできるシニアのための脳トレ体操＆ストレッチ体操』
○ 『超シンプルライフで健康生活』
○ 『目の不自由な人も耳の不自由な人もいっしょに楽しめるかんたん体操25』
○ 『要介護シニアにも超かんたん！ものまねエア体操で健康づくり』
○ 『認知症の人も一緒に楽しめる！リズム遊び・超かんたん体操・脳トレ遊び』（以上，黎明書房）

［お問い合わせ］
ホームページ：http://www.michio-saitoh.com/
メ　ー　ル：info@michio-saitoh.com
ファックス：03-3302-7955

＊イラスト・渡井しおり

介護レベルのシニアでも超楽しくできる声出し！お祭り体操

2017年7月25日　初版発行	著　者	斎　藤　道　雄
	発行者	武　馬　久仁裕
	印　刷	藤原印刷株式会社
	製　本	協栄製本工業株式会社

発行所　　　　　　　　　　　株式会社　黎明書房

〒460-0002　名古屋市中区丸の内3-6-27　EBSビル　☎052-962-3045
　　　　　　FAX 052-951-9065　振替・00880-1-59001
〒101-0047　東京連絡所・千代田区内神田1-4-9　松苗ビル4階
　　　　　　　　　　　　　　　　　　　　　　☎03-3268-3470

落丁本・乱丁本はお取替えします。　　　ISBN978-4-654-07654-3
© M. Saito 2017, Printed in Japan